Mitglied der Verlagsgruppe „engagement“

Die Deutsche Bibliothek – CIP-Einheitsaufnahme

Ein Titelsatz für diese Publikation ist bei
der Deutschen Bibliothek erhältlich

2001

Umschlaggestaltung: Mag. Elke Staller
Layout: Gerhard Bucher
Lithographie: Athesia Repro, Innsbruck
Druck: Alcione, Trento
ISBN 3-7022-2370-3

Weisheit aus Kindermund

Große Sprüche kleiner Leute

Gesammelt von
Karin Mattel

„Auf der Blume war ein Marillenkäfer." D.F.

Tyrolia-Verlag · Innsbruck-Wien

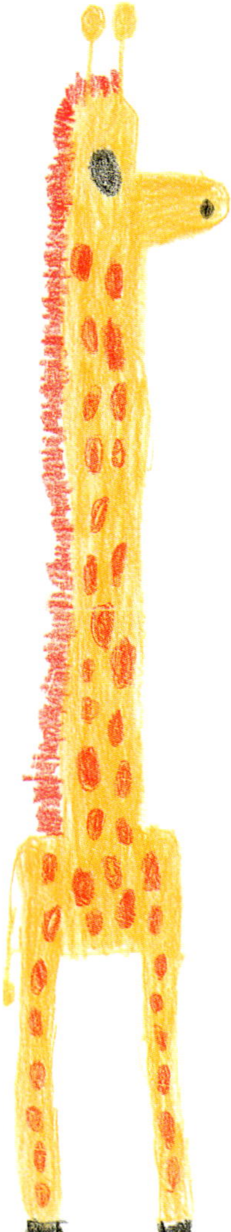

I n h a l t

Im Giraffenland geht's allen Leuten gut.
(=Schlaraffenland) M.Th.M.

Große Sprüche kleiner Leute

Es ist ein großes Geschenk für mich, dass ich zahlreiche Fulpmer Kindergartenkinder innerhalb von drei Jahrzehnten bei einem entscheidenden Teil ihrer Entwicklung und Formung begleiten durfte.
Der Reichtum und die Vielfalt ihrer Aussagen und die oft ungewollte Komik haben mich bewogen, die Aussprüche, mit denen sie Begeisterung, Trauer, Verwunderung oder Zorn ausdrückten, zu sammeln.
Die Einfachheit und Logik – und die Treffsicherheit, mit der sie ihre Erlebniswelt in Worte fassten, hat mir nicht nur oft ein Schmunzeln, sondern auch Bewunderung entlockt. Und das unbefangene kindliche Gottesbild, das so oft das Unbegreifliche begreifbar macht, hat mich erstaunt.
Besonders meine Schwester Dr. Helgard Rodriguez hat mich immer wieder angeregt, die Aussprüche meiner Schützlinge zu veröffentlichen, um sie interessierten Menschen zugänglich zu machen; denn Kinder denken mit dem Herzen und haben ein echtes Gespür für das Ehrliche, Gute, Echte.
Der oft ungewollte, aber auch hintergründige Humor lässt mich optisch in die Zukunft blicken. Er zeigt, dass unsere Welt zwar in vieler Beziehung nicht heil ist, dass aber dem Weltgebäude unserer Kinder noch viel Heiles innewohnt.

Karin Mattel, Fulpmes

Kindergartenalltag

Am ersten Tag

> Wie hat es dir gefallen?
> Juhuii!   M.P.

Eingewöhnung

Heute habe ich gar nicht geweint, es war mir ein Vergnügen.   F.H.

Enttäuschung

Ich hab gemeint, da ist alle Tage eine Party!   S.M.

Die Kindergärtnerinnen

Tante Karin, ist dir noch nie aufgefallen, dass die Tante Elisabeth zehnmal jünger ist als du? Aber du kommst mir noch nicht vor wie eine Oma!   A.N.

So was! Die Tante Karin geht schon 22 Jahre in den Kindergarten! M.E.

Wo ist denn heut die Tante mit den Scheiben? W.S.

Ich glaub, die Tanten haben das Verdächtnis verloren. *(=Gedächtnis)* A.N.

Mensch, Tante, isch Kindergarten grad bärig!
(=der Kindergarten ist wirklich toll) D.P.

Empörung
Ich mag die blöden E-gie-ferien nicht, ich will lieber in den Kindergarten gehen! *(=Energieferien)* A.N.

Spielregeln einhalten
Nicht so streng, Tantl! A.N.

Aufräumen
> Zeit zum Aufräumen!
> Sehr genehmigt! M.Sch.

Mir schwitzt, ich kann jetzt nicht aufräumen. S.G.

Anatomischer Irrtum
Die Tante meint, wir haben ein Loch im Kopf, denn wenn sie was sagt, geht's beim einen Ohr rein und beim anderen wieder raus. B.K.

Spieltisch
Tante, wo tust du eigentlich arbeiten? R.H.

Die Letzten und die Ersten

Wir sind immer die zwei, die noch da sind. L.D.

Wir sind die Allerersten und ihr seid die Allerzweiten. R.H.

Rollenverteilung

Du bist die Tante und ich bin der Tanter. M.D.

Verabschiedung

> Jetzt geh ich leise wieder hinaus.
> Ja, Tante, bitte, schleich dich! M.E.

Lernziel „Toilette“

Ich muss schnell aufs Klo gehen, denn mein Zipfele hat es gesagt. M.P.

Tante, bitte, mach mir die Hose auf, aber pieseln kann ich allein. E.G.

Mein Zipfele hat so blöd gepieselt, jetzt ist alles daneben gegangen. F.L.

Schneewittchen

Wer hat von meinem Süppelchen gegessen? M.P.

Die Stiefelfrau gab dem Schneewittchen einen faulen Apfel. *(=Stiefelfrau)* E.Sch.

Dann legten die Zwerge das Schneewittchen ins Solarium. *(=in den gläsernen Sarg)* L.K.

SILKE SP. 6a.

Bastelstunde

Da fehlen ja noch die Ohren! Wart, ich zeichne dir ein Schlitzohr. L.K.

Ich mag keinen Drachen machen, denn das wird nur ein Hausdrachen. M.L.

Ich hab so schön gefaltet, dass sich die Ecken bussen. M.Sch.

Das Monster grinst aus voller Kehle. Ph.M.

Durst
Jetzt hab ich Lust auf ein Kriminalwasser. M.A.

Wo ist meine Gorillamilch? Ich hab noch keine Familienmilch. *(=Vanillemilch)* J.B.

Jausenzeit

Mhmm! Das wird appetitlich schmecken! S.L.

Säge, Vater, diese Speise. M.D.

Danke, lieber Gott, für das gute Essen, bitte, mach, dass ich große Muskeln krieg, damit ich am Spielplatz watti-watti machen kann. *(=raufen)* Ch.G.

> Sind die Birnen von eurem Baum?
> Na. Vom Kasten herunter. O.A.

Ich hab die Banane so fest geschält. Dann hat sie sich nirgends mehr halten können und ist heruntergefallen. M.S.

Am liebsten ess ich Bischnatomletten. A.P.

Heut hab ich grüne Spaßkatzln gegessen. *(=Käsespätzle)* I.D.

Tante, darf ich genug haben? M.P.

Ich hab noch eine Süßlichkeit. A.Sch.

Eifer

Ich will immer in den Kindergarten gehen. Sonst ist er aus, und ich war gar nicht da. V.H.

Tiere sind Freunde

In Wald und Feld

Im Gras sitzt eine Schreuhecke. M.S.
(=Heuschrecke)

Am Fenster sitzt ein Schneckerling. D.F.
(=Schmetterling)

Eine Ameise hat mich angepipit. P.K.

Eine Fliege hat mich gelästert! *(=belästigt)* D.P.

Haustiere

Die Ente macht brutzel-brutzel. Ph.M.

Die Hennen tun die Eier ausbraten. H.J.

Der Gockel ist der Hennenchef. D.G.

Mein Papagei ist ein Mamagei. N.N.

Wir haben einen Bagger-Gei. A.K.

Unser Nachbar hat auch Kuisen. *(=Kühe)* D.O.

Der Igel hat mich angestachelt. *(=gestochen)* M.P.

Der Igel hat mich bespitzelt. *(=gestochen)* L.K.

Beim Streicheln ist er so bürstig! A.N.

Die Norweger sind gute Arbeitspferde. M.Th.M. *(=Noriker)*

Ich hab einen großen Vogelschwalb'm gesehen. *(=Vogelschwarm)* L.Sch.

Wir haben daheim eine Orang Utankatze.
(=Angorakatze) P.E.

In der Wüste geht das Trommeldar. M.D.

Ich hab daheim einen Wellensittlich. A.E.

Da ist was los!

Landpartie

Fahren wir mit diesem Landjäger? *(=Landrover)* S.K.

Sangesfreude

Wenn wir erklimmern schwindeln die Höhen. R.K.

Ordnung

Auf der Straße steht die schöne Marie und regelt den Verkehr. *(=Gendarmerie)* S.K.

Spargedanke

Ich hab mein ganzes Geld auf der Reibeisenkassa. *(=Raiffeisen)* C.K.

Im Schließfach sind die Komplimente. *(=Dokumente)* Th.H.

Anruf
Tante, jemand hat getelefont! *(=telefoniert)* N.A.

Fototermin
Heute kommt der Fotografant. G.N.

Heute tun wir fotoabforieren! M.Sch.

Ich schwitz schon ganz verdächtlich. C.K.
(=beträchtlich)

Mein Legoschiff hat auch einen Kontrabass.
(=Kompass) Y.Sch.

Schützen-Salve bei der Prozession
Wenn die Pension im Gewehr ist, tun sie schießen. *(=Munition)* S.G.

Musikkapelle
Die Musikmacher schauen alle zum Obermusikanter. *(=Kapellmeister)* M.H.

Vorfreude
Heute abends ist Glatzkonzert. *(=Platzkonzert)* A.K.

Definition für „Würstelstand“
Kochauto. D.E.

Feste feiern

Heute machen wir im Kindergarten meine Geburtstagsfeier, dann bin ich sechs und am Sonntag bei mir daheim, dann bin ich schon sieben. O.U.

Im Sommer müsst ihr auch Kindergarten
machen, denn da hab ich Geburtstag! D.J.

Geburtstagswunsch
Ich wünsch dir alles Gute zum Geburtstag
und dass in der Schule alle nett zu dir sind
und keiner sagt: Du bist blöd, oder:
Du blöde Kuh! L.Sch.

Geburtstagslied
Happy Bürste to you ... Ch.M.

Tante, ist heute morgen? A.G.

Bald ist mein Geburtstag, denn ich bin schon
fünf vor halb. F.St.

Vorfreude
Ich freu mich schon so spannend wie ein Hosenträger. D.L.

Vorbereitung für das Martinsfest
Heute gehen wir in die Kirche trainieren. A.B.

Weihnachtswunsch
Wenn man sich ein Fahrrad wünscht, schickt
man das Geld lieber dem Christkind oder
dem Kaufhaus? N.E.

Vorweihnachtszeit
Wir haben schon einen Karenzkranz! M.I.

Vorfreude

I hab die Sternlan liacht'n gsehn! M.E.

(=ich habe die Sternlein leuchten gesehen)

I hab's schon duften gehört. N.D.

Nikolausfeier zuhause

Bei mir hat der Krampus gerüsselt. *(=gerasselt)* D.O.

Weihnachtslieder

O Tannenbaum, o Tannenbaum, wir grüßen deine Blätter ... P.D.

... die redlichen Hirschen bin knetend davor ... N.E.

... Dschungelbell, Dschungelbell ... E.Sch.

... Florian in Ewigkeit! *(=Gloria)* Ch.M.

Drei-Könige-Spiel

Ich bin der heilige drei König! F.H.

Besuch der Sternsinger

Bei uns waren auch die drei heiligen vier Könige! N.D.

Aber der Balthasar ist nur gekommen zum Kassieren. F.H.

Verrückte Zeit

Im Fasching tun wir uns kostümen. A.K.

Musketier
Ich geh als Muskeltier! Ch.G.

Zorro
Ich bin der maskierte Rechner. *(=Rächer)* S.G.

Faschingsende
Heute sind wir wieder normal! I.D.

Kinderglaube

Maria und Josef lebten in Mozzarella. M.P.
(=Nazareth)

Josef und Maria gingen mit dem Jesuskind nach Jerusalem stempeln. *(=zum Tempel)* S.M.

Besuch der Weisen
Maria hat sich gedacht, das sind bestimmt die Heiligen Drei Könige. S.W.

Die drei Könige brachten Gold, Weihrauch und Kekslan. *(=Kekse)* R.Sch.

Sie brachten Gold und Myrrh-Rauch. P.P.

Der König in Jerusalem hieß König Drosselbart. G.M.

In Jerusalem waren der Herodes und die Frau Rodes. K.O.

Der Herodes hat immer auf die Sternsinger gewartet. Doch eilends sind sie nicht gekommen. L.L./M.P.

Der alte Simeon war oft im „Stamperl“. R.R.
(=Tempel; „Stamperl“ = ehem. Gastlokal)

Beschreibung von Jesus
Er ist so gütig, so hilfsbereit. Er ist so göttlich. L.M.

Kreative Theologie

Was ein Engel sagt, ist wahr, denn ein Engel schwindelt nicht! I.D.

Der Heilige Geist behellt und befröhlicht das Herz. S.A.

Hochzeit in Kana

In Kanada war Hochzeit. D.G.

Na so was, der kann zaubern. Na, wundern kann er! M.D.

Hochzeit in Kana

Osterjubel

Die Leute riefen Hallelulla! K.St.

Vorwurf

Thomas, sei nicht so unglaublich! G.T.

Christi Himmelfahrt

Die Wolke wickelte ihn ein und dann fuhr er in Urlaub. B.F.

Jüngstes Gericht

Aber wenn die Touristen auch kommen,
geh ich nicht hin. H.J.G.

Jesus am Ölberg
Vater im Himmel, bitte, heb mir die Daumen! S.A.

Gefangennahme
Vor lauter Zorn hat Petrus dem Soldaten die Ohrwaschel ausgerissen. R.M.

Auferstehung
Wir müssen Soldaten hinstellen, damit er uns nicht auskommt, wenn er aufersteht. G.F.

Zweifel an der Auferstehung
Das gibt's ja gar nicht, er liegt ja im Graben! *(=Grab)* L.S.

Paradies
> Wo lebten Adam und Eva?
> In Paris, aber nimmer lang! R.S.

Sündenfall
Gott hat gesagt, sie dürfen die Äpfel nit oertoan. *(= nicht herunterholen)* G.N.

Sie wollten die Frucht kosten, weil's gesund ist. G.N.

Nach dem Sündenfall
Adam und Eva haben sich gedacht, da stimmt doch etwas nicht! V.H.

Da hat sich Gott abgewandelt, aber einmal hat er außergligselt! *(=herausgeblinzelt)* G.F.

Rangordnung
Der oberste Chef vom Papst ist der liebe Gott. M.H.

Jesus muss man am gernsten haben; zuerst kommt Jesus und nachher du! M.B.

Danke, Mutter Gottes, dass du uns unter deinem Kittl unterstehen laßt. B.H.

Wenn Kinder streiten

Entrüstung

> Die Alexandra hat mich angespuckt! M.S.
> Nein, das ist mir beim Hatschi ausgekommen!
(=Niesen) A.H.

Verteidigung

Ich hab die Zunge nicht herausgestreckt,
ich hab sie nur gelüftet! A.H.

Empörung

Die Karboline streitet mit mir! *(=Karoline)* M.E.

Rechtfertigung

> Tante, der hat zu mir blöde Kuh gesagt!
> Nein, das hab ich zu dem Blumenstock
da drüben gesagt! R.B.

Vorwurf

Sei nicht so geizgierig! V.H.

Einsicht

Wenn ich lästig bin, kriegt die Mama
Nervenweh. M.G.

Na i hab nicht gestritten, i hab gar nicht
gemerkt, dass wir streiten. V.H.

Gib eine Ruhe, ich muss mich bemühen! P.P.

Harmonie

I g'schaff mit mir selber! *(=vertrage mich)* A.H.

Streit beim Puppenspiel

Schlechte Nacht, schlaf schlecht, träum
von Dracula! R.R.

Meine Füße sind automatisch aufgestanden. M.S.

Lärm
Das ist so laut, dass man aus den Ohren fallt! S.K.

Müdigkeit
Hardigatti, mir fallen immer die Augen zu,
ich bin heut so lebensmüde. Ch.G.

Wenn Kinder krank sind

Beschwerden
Ich hab so Schmerzenweh. J.M.

Seltsame Krankheit
Tante, ich hab Pomfritis gehabt. I.Sch.

Schafblattern
Der Peter hat die Schuhplatteln!
Ich hab auch die Schallplatteln gehabt. N.D.

Bubenträume
Tante, gestern bin ich mit der eitrigen Regina
im Bett gelegen. M.D.

Vorsorgeuntersuchung
Wenn der Kurt kommt, tun wir doktern.
(=Dr. Kurt Somavilla, Sprengelarzt) M.Sch.

Augenuntersuchung
Heute kommt die Augenpastentin. *(=Assistentin)* A.N.

Auskunft
Ein Rezept ist, wo draufsteht, was man für
Krankheitssaftln braucht. L.Sch.

Wenn man krank ist, braucht man die Pelikamenten.
(=Medikamente) A.N.

Neugier
Tante, hast du auch schon die Oma-Zähne? D.F.

Zahnprophylaxe
Tante, kommt heute die Zahnerin? N.D.

Zahnarztbesuch
Tante, jetzt hab ich im Zahn eine Bombe. M.P.

Blutabnahme
Heute war ich Blutimpfen. N.D.

Schihaxen

Ich hab einmal am Fuß ein Gipsweh gehabt. P.D.

Fehltritt

Gestern bin ich hingefallen, denn ich bin übergeschnappt. *(=umgekippt)* M.B.

Kleines Pech

Ein Stein hat mich gehaxelt, da bin ich gefallen. P.P.

Fürbitte für eine Kranke

Bitte, Mutter Gottes, halt der Agnes-Oma die Daumen, dass es nicht wehtut! V.H.

Dankgebet

Danke, lieber Gott, dass du den Peter heimgebracht hast werden lassen. P.P.

Familienleben

Zuneigung

Ich möchte mit dir bussen und hochzeiten
und alles tun, was es so gibt, und wenn ich
groß bin, schenk ich dir meine Eisenbahn! M.R.

Nachforschung

Tante, weißt du, wann ich mich geboren habe? O.St.

Verwandtschaftsverhältnisse

> Oma, ist der Papa dein Schwiegersohn?
> Dein Papa ist mein Sohn und deine Mama ist meine Schwiegertochter.
> Oma, ist dann der Lumpi dein Schwiegerhund? E.K.

Ankunft einer Schwester

Da ist etwas schief gegangen. Ich hätte mir einen Bruder gewünscht. Na, bin ich ein Pechvogel! Ch.G.

Heiratsprobleme

Tante, gell, Männer können nicht miteinander heiraten, sonst denkt sich der Pfarrer, was ist denn heute für eine komplizierte Hochzeit! P.P.

Nachwuchs in der Familie

Meine Schwester kriegt ein Poppele, ich weiß schon, es wird ein Manndl! J.K.

Dialog

> Oma, was tust du da?
> Stricken.
> Was ist denn das?
> Blaue Wolle.
> Ich hab noch nie ein blaues Schaf gsehn! S.G.

Nachwuchs im Stall

Die Oma kriegt von der Kuh ein Kalbl. N.V.

Zukunftspläne

>Gell, wenn wir groß sind, dann heiraten wir, dann kriegen wir ein Poppele. *(=Kind).* D.G.

>Dann heiraten wir zehnmal, dann kriegen wir zehne! Th.H.

Verwandtenbesuch

Tante, wenn du einen Opa siehst, den du nicht kennst, das ist meiner. St.S.

Meine Tante hat ein zerknittertes Gesicht. A.P.

Mode

Ich wär so ein cooles Kind, aber die Mama hat mich mit diesem Kleid ganz verschandelt! Y.Sch.

Tante, du hast das gleiche Kleid, wie meine Mama ein Nachthemd hat. A.P.

Altersprobleme

Tante, für eine Oma bist du aber noch viel zu jung! M.P.

Berufe

Meine Mama hat keinen Beruf. Sie tut gaaaar nix. A.K.

Den Boden legt der Bodenleger, das Dach deckt der Doppeldecker. B.K.

Den Teppich legt der Teppichböder. R.R.

Mein Papa hat viele Berufe. Er tut jagern und fischen und schießen. R.M.

Pferdenarr

Heute geh ich pferden! L.J.

Urlaubserinnerung

Mein Papa und ich sind so tief getaucht, dass
wir fast nicht mehr Italien gesehen haben! W.W.

Freizeitspaß

Im Vergnügungspark hab ich mein ganzes
Geld verkauft! L.K.

Genießen
Gut essen heißt schmausen. Gut trinken heißt schnapsen. A.Sch.

Dialekt und Hochsprache
In Deutschland spricht man genau wie hier, nur einen Unterschied gibt es. Bei uns sagt man oans, zwoa ... *(=eins, zwei)* J.F.

Astrologie
Im Sternzeichen bin i a Ochs. R.E.

Im Sternzeichen ist mein Papa ein Steinbock ... und die Mama ein Goaßbock! *(=Ziegenbock)* E. u. St.L.

Friseurbesuch
Tante, du musst unbedingt zu meinem Friseur gehen. Der kann so gut Haare schneiden, der macht dir sogar einen Kaiserschnitt! M.M.

Bürstenschnitt
Opa, warum hast du so abgemähte Haare? Ph.M.

Superlativ
Heut hab ich supere Schuhe und eine supere Kappe. F.H.

Klarer Fall
Wer tot ist, bleibt sein Lebtag tot. K.S.

Die Schule wartet

Bestandener Schultest
Tante, i hab gewonnen! L.D.

Schule
Mein Papa ist im Konkurrenzzimmer. S.K.
(=Konferenzzimmer)

Vorfreude auf die Schule
Tante, ich kann schon ein paar Gstubstraben schreiben. *(=Buchstaben)* M.G.

Zählprobleme
Gell, bis Tausend muss man bis morgen zählen! E.E.

Abschied vom Kindergarten
Tante, du hast mir abgegeht! *(=gefehlt)* D.N.

Danke, Tante Karin, dass du so oft nachgegeben hast. M.P.